JN075392

# 日本語能力試験
# N3 模擬テスト〈2〉

千駄ヶ谷日本語教育研究所 著

スリーエーネットワーク

Published by 3A Corporation.
Trusty Kojimachi Bldg., 2F, 4, Kojimachi 3-Chome, Chiyoda-ku, Tokyo 102-0083, Japan

ISBN978-4-88319-843-6 C0081

First published 2020
Printed in Japan

# はじめに

　日本語能力試験対策の模擬テストにつきまして、これまでにN1とN2をそれぞれ〈1〉から〈4〉まで出版し、多くの方々にご利用いただき、版を重ねてまいりました。

　近年、日本では外国人材の活躍の機会が広がってきました。こうした中、N3の模擬テストを求める声も多く、それにお応えする形で今回出版することになりました。N3合格を目標とする方はもとより、N1、N2の合格を目指す方々にも学習のプロセスの中で日本語能力を確認し、さらに上のレベルを目指す上で参考にしていただければと思います。

　本書は、試験合格を目指す方々のために、本試験にできるだけ近い形でチャレンジできるように作成しました。ぜひ時間を測って本試験さながらの模擬テストを行ってください。実施後は採点結果を正答数記入表に記入することで弱点を把握し、不得意な問題形式や分野を重点的に補強することができます。

　この本が多くの方々に役立つよう心から期待しています。

千駄ヶ谷日本語教育研究所

理事長　吉岡正毅

# 目次

## 音声CD

・「言語知識（文字・語彙）」試験の指示　　　　トラック1

・「言語知識（文法）・読解」試験の指示　　　　トラック2

・「聴解」試験の指示　　　　　　　　　　　　　トラック3

・「聴解」問題　　　　　　　　　　　　　　　　トラック4〜トラック42

・「聴解」試験終了の指示　　　　　　　　　　　トラック43

## 別冊

・問題用紙

　「言語知識（文字・語彙）」

　「言語知識（文法）・読解」

　「聴解」


・解答用紙（巻末。切り取って配付してください。）

## 模擬試験を実施される方へ

　本書は、本試験に近い形で実施できるようになっています。問題用紙を外し、解答用紙を問題用紙から切り取って、学習者に配付してください。試験時間を守って、本試験のように進めることで学習者は試験形式に慣れ、本試験で戸惑わずに実力を発揮できるでしょう。実施後は、学習者へのフィードバックとして正答数記入表（29ページ）をご活用ください。

　試験前後の学習者へのアドバイスは8ページの「学習者の方へ」を参考にしてください。

　以下のサイトに本書の活用法を紹介した動画、解答用紙、音声CDに収録された音声があります。ご活用ください。

https://www.3anet.co.jp/np/books/3822/

## 〈模擬試験の手順例〉

○準備

①以下の表を利用して試験実施時間を決める。所要時間は175分。

| 試験科目 | | | 試験実施時間 |
|---|---|---|---|
| 言語知識（文字・語彙） | 試験の指示<br>（音声CDトラック1） | 5分 | ＿＿＿：＿＿＿ ～ ＿＿＿：＿＿＿ |
| | 模擬試験 | 30分 | ＿＿＿：＿＿＿ ～ ＿＿＿：＿＿＿ |
| 休憩 | | 10分 | ＿＿＿：＿＿＿ ～ ＿＿＿：＿＿＿ |
| 言語知識（文法）・読解 | 試験の指示<br>（音声CDトラック2） | 5分 | ＿＿＿：＿＿＿ ～ ＿＿＿：＿＿＿ |
| | 模擬試験 | 70分 | ＿＿＿：＿＿＿ ～ ＿＿＿：＿＿＿ |
| 休憩 | | 10分 | ＿＿＿：＿＿＿ ～ ＿＿＿：＿＿＿ |
| 聴解 | 試験の指示<br>（音声CDトラック3） | 45分 | ＿＿＿：＿＿＿ ～ ＿＿＿：＿＿＿ |
| | 模擬試験<br>（音声CDトラック4～トラック43） | | |

②問題用紙を外す。

③解答用紙を問題用紙から切り取る。

④試験会場を整える。試験実施時間を掲示する。

⑤時計、CDを流す機器を準備する。

⑥CDを機器にセットする。


〇試験時

「言語知識（文字・語彙)」

①問題用紙、解答用紙「言語知識（文字・語彙)」を配付する。

②音声CD「試験の指示」（トラック1）に沿って、問題用紙「言語知識（文字・語彙)」の
　表紙と解答用紙の注意の確認、名前の記入、ページ数の確認をさせる。「試験の指示」終
　了後、CDを止める。

③時間になったら試験開始を知らせる。

④時間になったら試験終了を知らせる。

⑤解答用紙を回収する。

⑥回収した解答用紙の数と、受験者の数が一致しているか確認する。


「言語知識（文法)・読解」

⑦解答用紙「言語知識（文法)・読解」を配布する。

⑧音声CD「試験の指示」（トラック2）に沿って、問題用紙「言語知識（文法)・読解」
　の表紙と解答用紙の注意の確認、名前の記入、ページ数の確認をさせる。「試験の指示」
　終了後、CDを止める。

⑨時間になったら試験開始を知らせる。

⑩時間になったら試験終了を知らせる。

⑪解答用紙を回収する。

⑫回収した解答用紙の数と、受験者の数が一致しているか確認する。


「聴解」

⑬解答用紙「聴解」を配付する。

⑭音声CD「試験の指示」（トラック3）に沿って、問題用紙「聴解」の表紙と解答用紙の

注意の確認、名前の記入、ページ数の確認をさせる。

⑮CDを止めず、そのまま「聴解」問題を始める。

⑯CDが終わったら問題用紙と解答用紙を回収する。

⑰回収した問題用紙・解答用紙の数と、受験者の数が一致しているか確認する。


○試験後

①解答（9 〜 11ページ）を見て採点する。

②正答数記入表（29ページ）を使って、学習者にフィードバックする。

　ア．分野ごとに正答数を記入する。

　イ．科目ごとに正答数を合計して記入する。

　ウ．科目ごとの正答率を計算して記入する。

　エ．◎・○・△の欄の数字を見て、ア．で記入した正答数が当てはまる欄にチェック

　　（✔）を入れる。

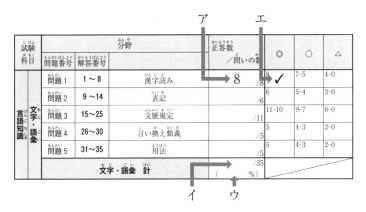

③本書を学習者に返却する。

## 学習者の方へ

### 〈試験のとき〉

・各科目にいろいろな形式の問題がありますから、問題文や例をよく読んで何を答えるか
　よく理解してから問題を解きましょう。

・「言語知識（文字・語彙)」は、試験時間が短いです。時間配分を意識して解きましょう。

・「言語知識（文法）・読解」は、問題数が多いです。分からない問題はあとで解くために
　印を付けておいて、まずできる問題から解きましょう。

・解答用紙のマークの塗り方がよくないために、失敗する人もいます。解答用紙の「マー
　クれい」を見て、よい塗り方で塗ってください。

### 〈試験のあと〉

・正答数記入表の結果から、自分の弱点を把握してください。

・時間がなくて解けなかった問題を解いてください。

・間違えた問題を解き直してください。

・間違いが多かった分野を特に勉強してください。

・以下のサイトから解答用紙がダウンロードできます。

https://www.3anet.co.jp/np/books/3822/

# N3　解答「げんごちしき(もじ・ごい)」

## 問題 1

| 問 | ① | ② | ③ | ④ |
|---|---|---|---|---|
| 1 | ① | ② | ③ | **④** |
| 2 | ① | ② | **③** | ④ |
| 3 | ① | ② | ③ | **④** |
| 4 | **①** | ② | ③ | ④ |
| 5 | ① | ② | ③ | **④** |
| 6 | **①** | ② | ③ | ④ |
| 7 | ① | ② | ③ | **④** |
| 8 | ① | **②** | ③ | ④ |

## 問題 2

| 問 | ① | ② | ③ | ④ |
|---|---|---|---|---|
| 9 | ① | ② | ③ | **④** |
| 10 | ① | ② | ③ | **④** |
| 11 | **①** | ② | ③ | ④ |
| 12 | ① | ② | ③ | **④** |
| 13 | ① | ② | **③** | ④ |
| 14 | ① | ② | ③ | **④** |

## 問題 3

| 問 | ① | ② | ③ | ④ |
|---|---|---|---|---|
| 15 | **①** | ② | ③ | ④ |
| 16 | ① | ② | ③ | **④** |
| 17 | ① | **②** | ③ | ④ |
| 18 | **①** | ② | ③ | ④ |
| 19 | **①** | ② | ③ | ④ |
| 20 | ① | ② | ③ | **④** |
| 21 | ① | ② | ③ | **④** |
| 22 | ① | ② | ③ | **④** |
| 23 | ① | ② | ③ | **④** |
| 24 | ① | ② | ③ | **④** |
| 25 | ① | ② | ③ | **④** |

## 問題 4

| 問 | ① | ② | ③ | ④ |
|---|---|---|---|---|
| 26 | ① | ② | **③** | ④ |
| 27 | ① | ② | ③ | **④** |
| 28 | **①** | ② | ③ | ④ |
| 29 | ① | **②** | ③ | ④ |
| 30 | ① | **②** | ③ | ④ |

## 問題 5

| 問 | ① | ② | ③ | ④ |
|---|---|---|---|---|
| 31 | ① | ② | ③ | **④** |
| 32 | ① | ② | ③ | **④** |
| 33 | ① | ② | ③ | **④** |
| 34 | **①** | ② | ③ | ④ |
| 35 | ① | ② | **③** | ④ |

# N3 解答 「げんごちしき（ぶんぽう）・どっかい」

## 問題 1

| 問 | ① | ② | ③ | ④ |
|---|---|---|---|---|
| 1 | | | ● | |
| 2 | ● | | | |
| 3 | | | ● | |
| 4 | ● | | | |
| 5 | | ● | | |
| 6 | ● | | | |
| 7 | | | | ● |
| 8 | | ● | | |
| 9 | | | | ● |
| 10 | | | ● | |
| 11 | | | ● | |
| 12 | | | ● | |
| 13 | ● | | | |

## 問題 2

| 問 | ① | ② | ③ | ④ |
|---|---|---|---|---|
| 14 | ● | | | |
| 15 | | | | ● |
| 16 | ● | | | |
| 17 | ● | | | |
| 18 | | | ● | |

## 問題 3

| 問 | ① | ② | ③ | ④ |
|---|---|---|---|---|
| 19 | | | ● | |
| 20 | ● | | | |
| 21 | | | ● | |
| 22 | | | ● | |
| 23 | | | | ● |

## 問題 4

| 問 | ① | ② | ③ | ④ |
|---|---|---|---|---|
| 24 | | | | ● |
| 25 | | | ● | |
| 26 | ● | | | |
| 27 | | | | ● |

## 問題 5

| 問 | ① | ② | ③ | ④ |
|---|---|---|---|---|
| 28 | | | | ● |
| 29 | | | | ● |
| 30 | ● | | | |
| 31 | | | | ● |
| 32 | | ● | | |
| 33 | | | | ● |

## 問題 6

| 問 | ① | ② | ③ | ④ |
|---|---|---|---|---|
| 34 | | | | ● |
| 35 | | ● | | |
| 36 | | | ● | |
| 37 | | | ● | |

## 問題 7

| 問 | ① | ② | ③ | ④ |
|---|---|---|---|---|
| 38 | ● | | | |
| 39 | ● | | | |

# N3 解答（かいとう）

## 「ちょうかい」

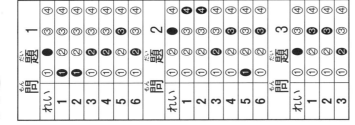

問題1〜3

| もんだい | 問い | ① | ② | ③ | ④ |
|---|---|---|---|---|---|
| **問題 1** | れい | ● | ② | ③ | ④ |
| | 1 | ❶ | ② | ③ | ④ |
| | 2 | ❶ | ② | ③ | ④ |
| | 3 | ① | ❷ | ③ | ④ |
| | 4 | ① | ❷ | ③ | ④ |
| | 5 | ① | ② | ❸ | ④ |
| | 6 | ① | ❷ | ③ | ④ |
| **問題 2** | れい | ① | ② | ● | ④ |
| | 1 | ① | ② | ③ | ❹ |
| | 2 | ① | ② | ❸ | ④ |
| | 3 | ① | ❷ | ③ | ④ |
| | 4 | ❶ | ② | ③ | ④ |
| | 5 | ① | ② | ❸ | ④ |
| **問題 3** | れい | ● | ② | ③ | ④ |
| | 1 | ① | ② | ❸ | ④ |
| | 2 | ① | ❷ | ③ | ④ |
| | 3 | ① | ❷ | ③ | ④ |

問題4〜5

| もんだい | 問い | ① | ② | ③ |
|---|---|---|---|---|
| **問題 4** | れい | ● | ② | ③ |
| | 1 | ❶ | ② | ③ |
| | 2 | ① | ② | ❸ |
| | 3 | ❶ | ② | ③ |
| | 4 | ① | ❷ | ③ |
| **問題 5** | れい | ● | ② | ③ |
| | 1 | ① | ② | ❸ |
| | 2 | ① | ❷ | ③ |
| | 3 | ❶ | ② | ③ |
| | 4 | ① | ② | ❸ |
| | 5 | ① | ❷ | ③ |
| | 6 | ❶ | ② | ③ |
| | 7 | ① | ❷ | ③ |
| | 8 | ❶ | ② | ③ |
| | 9 | ① | ② | ❸ |

# 「聴解」問題スクリプト

（M：男性　F：女性）

## 問題1　　　トラック4

　　問題1では、まず質問を聞いてください。それから話を聞いて、問題用紙の1から4の中から、最もよいものを一つ選んでください。では、練習しましょう。

## 例　　　トラック5

夫と妻が話しています。夫はこのあとまず何をしますか。

M：ちょっと本屋に雑誌を買いに行ってくる。帰りに郵便局と銀行に寄るよ。
F：じゃあ、この手紙、出してきてくれない？
M：いいよ。
F：忘れないように先に郵便局に行ってくれる？
M：うん。そうするよ。
F：遅くなるなら電話してね。
M：分かった。

夫はこのあとまず何をしますか。

最もよいものは2番です。解答用紙の問題1の例のところを見てください。最もよいものは2番ですから、答えはこのように書きます。
では、始めます。

**1番　　　トラック6**

夫と妻が電話で話しています。妻はこれから何をしますか。

M：もしもし、今晩のレストランの予約、とれた？

F：あっ、いけない。忘れてた。

M：あのお店、当日のインターネット予約はだめなんだよね。電話で予約しといてね。

F：うん、分かった。

M：太郎を幼稚園に迎えに行った？　行くときに、頼みたいことがあるんだけど……。

F：もう行ってきたけど、いいよ。何？

M：リビングに置いてある図書館から借りた本、期限、今日までなんだ。

F：今日まで……。じゃ、返しとこうか。

M：うん、お願い。あっ、そうそう、クリーニング取りに行くの、忘れないでよ。

F：幼稚園の帰りに行ったから、大丈夫だよ。

M：そっか、ありがとう。じゃあね。


妻はこれから何をしますか。


**2番　　　トラック7**

会社で男の人と女の人が話しています。男の人はこのあとまず何をしますか。

M：明日の会議の資料の準備、何をすればいい？

F：そうだね。先月、お客様にアンケートをとったよね。そのまとめをお願いしたいんだけど。グラフを作ろうと思ってるから。

M：いいよ。他には？

F：それから、会議に他の部署からの出席者がいるかどうか確認してくれない？

M：じゃあ、今うかがってくるね。

F：あ、部長は会議中だから、それはあとにしてくれる？

M：分かった。

F：じゃ、このあと新しい商品の名前の表を作っとくね。


男の人はこのあとまず何をしますか。

**3番　　トラック8**

大学で男の人と女の人が話しています。男の人はホームステイ先で何をすることにしましたか。


M：夏休み、留学してホームステイすることにしたんだ。

F：ホームステイするなら、そこの家族に何か日本のことを紹介してあげるといいと思うよ。わたしは、てんぷらを作ってあげたよ。

M：日本の料理か。いいね。でも料理は得意じゃないからなあ。

F：そう。あと、5歳の女の子がいるって聞いてたから、折り紙を持ってって、鳥とか花とか、家族みんなで折ったんだ。

M：あ、僕のところもそのぐらいの女の子がいるみたい。一緒にできそうだな。

F：それから、日本の踊りを習ってるから、踊って見せたこともあったよ。

M：すごいね。踊れたらかっこいいだろうな。

F：あ、吉田くん、ギター上手だから、ギター弾きながら日本の歌を歌ってあげるのはどう？それがいいよ。

M：確かに。でも、ギターは大きいから、持ってくのは大変そうだな。

F：じゃあ、やっぱりみんなで一緒にできるものがいいんじゃないかな。

M：うん、そうだね。そうするよ。


男の人はホームステイ先で何をすることにしましたか。


**4番　　トラック9**

バーベキュー場の受付で店員がお客さんに説明しています。お客さんはテーブルに着いたらまず何をしますか。


M：本日はバーベキュー場をご利用いただきありがとうございます。お客様のテーブルは、入口を入って左側にある1番テーブルです。火は後ほど係の者がつけに参りますのでお待ちください。ご注文いただいたお肉と野菜はお客様のテーブルの上に置いてありますので、まずはお品物があるかどうかのチェックをお願いします。足りないものがある場合は係の者にお伝えください。包丁やまな板は流しにありますので、お使いください。お肉や野菜など、追加のご注文は受付でお伺いします。それではごゆっくりどうぞ。


お客さんはテーブルに着いたらまず何をしますか。


14

**5番　　　トラック10**

会社で男の人と女の人が話しています。女の人はお知らせの何を変更しますか。

M：社内旅行のお知らせ、確認したよ。

F：ありがとうございます。分かりにくいところはありませんでしたか。

M：なかったよ。説明も短くまとまっててていいと思う。でも、写真はそれぞれもう少し大きくしたほうがいいね。

F：分かりました。

M：あとは、文字ももう少し大きくしたほうがいいな……。でも、そうしたら1ページに入らないね。写真はそのままにしよう。

F：分かりました。文字の色はこのままでよろしいでしょうか。

M：そうだね、白黒で印刷するからいいよ。

F：かしこまりました。


女の人はお知らせの何を変更しますか。


**6番　　　トラック11**

区役所で女の人と男の人が話しています。女の人はまず何をしなければなりませんか。


F：すみません、ボランティアをしてみたいんですが……。

M：はい、どんなボランティアですか。

F：昨日、友達に小学校でのボランティアの話を聞いたんです。それで、ぜひ、私も子どもたちに自分の国を知ってもらいたいと思いまして……。

M：そうですか。小学校ということは文化交流ボランティアですね。そうしましたら、まず、説明会に参加してください。それから、国際センターでボランティアの申し込みをしてください。

F：説明会には昨日、参加しました。

M：そうしましたら、国際センターに行って申し込んでください。そのあと、簡単な面接があります。

F：え、今日ですか。

M：10分ぐらいで終わりますので。面接のあと、ボランティアを経験した人から話を聞くこともできますよ。

Ｆ：はい、分かりました。ありがとうございます。

女の人はまず何をしなければなりませんか。

## 問題2　　　トラック12

　問題2では、まず質問を聞いてください。そのあと、問題用紙を見てください。読む時間があります。それから話を聞いて、問題用紙の1から4の中から、最もよいものを一つえらんでください。では、練習しましょう。

## 例　　　トラック13

女の人と男の人が話しています。男の人はどうしてパーティーに行きませんか。

F：今日のパーティー、どうして行かないの？　どこか具合でも悪いの？

M：いや、どこも悪くないよ。

F：じゃあ、パーティーの会費が高いから？

M：いや、そうは思わないよ。でも……。

F：どうしたの？

M：ちょっと会いたくない人がいて……。

F：そっか。それじゃ、しかたないね。最近、疲れているようだったから心配したよ。

M：うん。

男の人はどうしてパーティーに行きませんか。

最もよいものは3番です。解答用紙の問題2の例のところを見てください。最もよいものは3番ですから、答えはこのように書きます。

では、始めます。

## 1番　　　トラック14

女の学生と男の学生が話しています。男の学生はどうして地味なネクタイをしませんか。

F：あ、根本さん、ネクタイしちゃって、珍しいね。

M：ああ、これ、父からのプレゼント。どう、かっこよくない？　これから就職の面接なんだ。

F：面接なの？　じゃあ、ちょっと派手じゃない？

M：そうかな？

F：確かに、地味なネクタイだと個性が出ないって、よく聞くけどね。それに、会社の人にネクタイの印象は残らないと思うけど、やっぱり面接では、地味なほうがいいと思うよ。

M：僕も前はそう思っててネクタイを父に見せたら、ネクタイが地味だと積極的になれないんじゃないかって言われたんだ。僕もその通りだって思ったんだ。

F：ふうん。それでそのネクタイなんだ。

M：うん。


男の学生はどうして地味なネクタイをしませんか。


## 2番　　　トラック15

女の学生と男の学生が話しています。男の学生はどうしてレポートを終わらせるのに朝までかかりましたか。

F：眠そうだね、大丈夫？

M：うん。レポートやっててほとんど寝てないんだ。

F：確かに今回のテーマちょっと難しかったもんね。私もけっこう時間かかったな。

M：テーマはそうでもなかったよ。

F：そう？　あ、昨日、アルバイトがあるって言ってたよね？　帰るのが遅かった？

M：昨日は、夕方までだったよ。疲れてたからちょっと寝て、8時ぐらいからレポート始めたんだけど、スマートフォンで調べてたらほかのこと、始めちゃって。

F：そういうこと、よくあるよね。それで、ゲームを始めると止められなくなるんだよね。

M：うん。昨日は、ドラマを見ちゃって。おもしろくて何話も見てたら、3時ぐらいになってたんだ。結局、レポートが終わるころには外が明るくなってたよ。

F：そうだったんだ。

男の学生はどうしてレポートを終わらせるのに朝までかかりましたか。


## 3番　　トラック16

会社で女の人と男の人が話しています。女の人はどうして会議室の予約ができませんでしたか。


F：すみません。明日、会議室を使いたいんですが。

M：届けはありますか。

F：はい、こちらです。

M：えっと……すみません、ここのサイン、上司の方のが必要なんです。

F：あっ、私のじゃないんですね。失礼しました。あのう、会議室、まだ空いていますか。

M：広い会議室は予約がいっぱいですけど、狭くてもいいなら、空いてますよ。

F：そうですか。6名なので、そこでけっこうです。じゃ、急いでお持ちします。


女の人はどうして会議室の予約ができませんでしたか。


## 4番　　トラック17

テレビで女の人がかばんについて話しています。女の人は使っているかばんのどこが一番気に入っていますか。


F：最近はスーパーの袋が有料のところも多いので、スーパーで買ったものを入れるためのかばんをいつも持ち歩くようにしてます。軽くて丈夫なものや、簡単に小さくなるものが人気ですよね。私が使ってるのは海外旅行で買ったものです。デザインがかわいくて、とても気に入ってます。毎日使いますから、好きな色や模様のものがいいですよね。ただ、このかばんは持つところが短いので、肩にかけられるぐらい長ければ、もっといいんですけどね。荷物が重いとき、楽ですから。


女の人は使っているかばんのどこが一番気に入っていますか。

**5番　　トラック18**

男の人と女の人が話しています。女の人は今通っているスポーツクラブについてどんなところが
いいと言っていますか。

M：最近、調子良さそうだね。

F：分かる？　実は、スポーツクラブに通い始めたんだ。そこは一人一人コーチがついて、いろ
　　いろアドバイスしてくれるって聞いて、いいなって思って決めたの。

M：へえ、そういうのいいね。トレーニングの方法って専門の人じゃないと分からないこともあるし。

F：そうでしょう？　始めてから2週間ぐらいなのに、もう効果が出てきたような気がするの。

M：いいねえ。プールもあるの？

F：プールはあるけど、私泳げないから、ダンスのレッスン受けてるよ。

M：そっか。家の近くにあるの？

F：ううん、ちょっと歩くよ。でも、20分ぐらいだから、いい運動だと思ってるよ。

M：そっか。がんばってね。

女の人は今通っているスポーツクラブについてどんなところがいいと言っていますか。

**6番　　トラック19**

男の人と女の人が話しています。女の人はどうして引っ越すことにしましたか。

M：ねえ、今度引っ越すって聞いたけど。

F：うん、そうなの。今のうちも駅から歩いて4分だし、便利でいいんだけどね。

M：じゃあ、なんで引っ越すの？　家賃が高いとか？

F：まあ、安くはないけど、私が住んでる駅だと普通くらいだよ。

M：そっか。じゃあ、部屋が狭いの？

F：ううん、一人で住むには十分広いよ。でも、部屋が北向きなの。

M：ああ、日当たりが悪いのか。

F：まあ、うちにいるのは寝るときくらいだけど、やっぱり朝は太陽の光を浴びたいでしょう？

M：なるほどね。僕も引っ越そうかなあ。だって、隣の人が毎晩、友達を呼んで騒ぐんだもん。

女の人はどうして引っ越すことにしましたか。

ここで、ちょっと休みましょう。（音楽）では、また続けます。　　トラック20

　問題3では、問題用紙に何も印刷されていません。この問題は、全体としてどんな内容かを聞く問題です。話の前に質問はありません。まず話を聞いてください。それから、質問と選択肢を聞いて、1から4の中から、最もよいものを一つ選んでください。では、練習しましょう。

**例　　トラック22**

テレビで男の人が話しています。

M：寒い冬が終わり、暖かい季節になりました。今年の春休みは、家族でどこかに泊まりに行きたいと考えています。場所はまだ決めていませんが、桜がきれいな場所で写真を撮りたいと思っています。

何について話していますか。
　1．映画
　2．旅行
　3．天気
　4．買い物

最もよいものは2番です。解答用紙の問題3の例のところを見てください。最もよいものは2番ですから、答えはこのように書きます。
では、始めます。

**1番　　トラック23**

大学の授業で教授が話しています。

M：みなさんは、動物園にいる動物は幸せだと思いますか。動物園にいると、ご飯や寝る場所に困りません。それに、もしけがや病気をしても動物園の人が助けてくれるので、安心です。また、他の動物に食べられてしまう心配がないので、動物園にいたほうが長く生きられるかもしれません。しかし、動物園は狭くて、自由に動くことができません。これは、動物にとってストレスが大きいんです。私は、動物園にいる動物が狭い部屋の中でずっと同じ動きをしているのを見て、ここは動物によくない環境だと思いました。だから今、動物にとって幸せな環境を研究しています。

教授は動物園の動物についてどう思っていますか。

1．けがや病気をしないので、幸せだ。
2．動物園には他の動物もいるので、幸せではない。
3．自由に動けないので、幸せではない。
4．ずっと同じ動きができるので、幸せだ。

**2番　　トラック24**

ラジオで女の人が話しています。

F：最近、だんだん暑くなってきましたね。夏はキッチンが暑いので、他の季節に比べて料理を作るのが大変ですよね。キッチンが暑くなる原因はこんろの火です。ですから、なるべくこんろを使わなくても料理ができる便利な電気製品を使いましょう。例えば電子レンジ。小さく切った野菜と肉、水、カレーの粉を入れて10分。おいしいカレーが作れます。それから、炊飯器に材料を混ぜた肉を入れればハンバーグもできます。夏の料理の方法としておすすめですよ。

女の人は何について話していますか。

1．季節によって変化するキッチンの温度
2．キッチンにある電気製品の説明
3．火を使わずに料理をする工夫
4．夏に食べるのにおすすめの料理

**3番　　トラック25**

ラジオで先生が話しています。

M：よく中学生や高校生から、歴史の勉強は大変だという話を聞きます。覚える内容が多いので、一つ一つ覚えようとしたら、大変なのは当然です。大切なのは、歴史がおもしろいとか楽しいって思えることですね。例えば、何か歴史上の出来事を覚えるときは、それが起こるまでのドラマを頭の中で作ってみると、楽しいですよ。最近は、歴史の漫画などもあるので、そういうものを使うのもいいかもしれません。

先生は主に何について話していますか。

1．歴史の授業で覚える内容
2．歴史の学習方法
3．歴史がおもしろい理由
4．歴史が楽しく学べる漫画

**問題4**　　　トラック26

　問題4では、絵を見ながら質問を聞いてください。矢印の人は何と言いますか。1から3の中から、最もよいものを一つ選んでください。では、練習しましょう。


**例**　　　トラック27

授業中、先生の話がよく聞こえませんでした。先生に何と言いますか。

F：1．すみません、もう一度お願いします。

　　2．すみません、もう一度おっしゃいますか。

　　3．すみません、もう一度聞きます。


最もよいものは1番です。解答用紙の問題4の例のところを見てください。最もよいものは1番ですから、答えはこのように書きます。
では、始めます。


**1番**　　　トラック28

お客様を迎えに行きました。大きい荷物を持っているので手伝いたいです。お客様に何と言いますか。

M：1．お荷物お持ちしましょうか。

　　2．お荷物持ちませんか。

　　3．お荷物持ってくれませんか。


**2番**　　　トラック29

学校の受付にいます。ホームステイの申し込みの期限が分かりません。何と言いますか。

M：1．いつまでに申し込みをしましょうか。

　　2．いつまでに申し込みをしませんか。

　　3．いつまでに申し込めばいいですか。

**3番**　　　トラック30

会社の先輩が忙しそうです。何と言いますか。

F：1．私、手が空いてるので、何か手伝わせてもらえませんか。
　　2．私、手が空いてるので、何かできると思いませんが。
　　3．私、手が空いてるので、何かしてあげましょうか。


**4番**　　　トラック31

友達の本にコーヒーをかけてしまいました。友達に何と言いますか。

F：1．ごめん、心配かけちゃって。
　　2．ごめん、汚しちゃって。
　　3．ごめん、汚れていて。

**問題 5　　　トラック32**

　問題5では、問題用紙に何も印刷されていません。まず文を聞いてください。それから、その返事を聞いて、1から3の中から、最もよいものを一つ選んでください。では、練習しましょう。

**例　　　トラック33**

Ｆ：すみません、隣の席、いいですか。

Ｍ：1．ええ、どうも。

　　　2．ええ、どうぞ。

　　　3．ええ、どういたしまして。

最もよいものは2番です。解答用紙の問題5の例のところを見てください。最もよいものは2番ですから、答えはこのように書きます。

では、始めます。

**1番　　　トラック34**

Ｍ：お母さんへの誕生日プレゼント、何をあげたらいいと思う？

Ｆ：1．いつでもあげればいいと思うよ。

　　　2．うん、いいものが買えてよかったよ。

　　　3．いくらぐらいのものを考えてるの？

**2番　　　トラック35**

Ｍ：調子が悪いので、休んでもかまわないでしょうか。

Ｆ：1．いえ、そんなに悪くないですよ。

　　　2．いいですよ。お大事にしてください。

　　　3．ええ、調子は悪いですよ。

**3番　　トラック36**

M：木村さん、待ち合わせの時間に遅れるってよ。

F：1．時間、もう過ぎちゃったね。
　　2．なんだ、待てないんだ。
　　3．じゃあ、先に行っとこうか。


**4番　　トラック37**

F：あちらの方、ご存じですか。

M：1．えっと、どこかでお会いしたような……。
　　2．いいえ、あの方は佐々木さんですよ。
　　3．ええ、おそらくそうだと思います。


**5番　　トラック38**

F：こちらにいらっしゃる日が決まりましたら、お電話いただけますか。

M：1．いえ、電話はあげられないんですが。
　　2．では、お電話お待ちしております。
　　3．はい、来週までにはご連絡します。


**6番　　トラック39**

F：小林さん、お疲れ様。スピーチすごくよかったよ。

M：1．ああ、それは疲れますね。
　　2．いやあ、緊張しました。
　　3．ええ、スピーチしたんです。

**7番**　　トラック40

M：先日は大変失礼いたしました。

F：1．次、気をつけてくださいね。
　　2．ええ、本当に失礼しました。
　　3．あの、これで失礼します。


**8番**　　トラック41

F：あのう、駅までの道を教えてほしいんですが。

M：1．あっ、それなら駅でもらえますよ。
　　2．次の信号を右へ曲がったところですよ。
　　3．はい、駅までは15分かかります。


**9番**　　トラック42

M：お姉ちゃん、そのバッグ、どこで買ったんだっけ。

F：1．おばあちゃんからの就職祝いだよ。
　　2．うん、お母さんと買ったんだよ。
　　3．どこで売ってるか分からないなあ。


28

# 正答数記入表

| | 名 前 | |

◎：よくできています。　　○：続けて勉強しましょう。　　△：もっと勉強しましょう。

| 試験科目 | | 分野 | | | 正答数 ／問いの数 | ◎ | ○ | △ |
|---|---|---|---|---|---|---|---|---|
| | | 問題番号 | 解答番号 | | | | | |
| 言語知識 | 文字・語彙 | 問題1 | 1～8 | 漢字読み | /8 | 8 | 7-5 | 4-0 |
| | | 問題2 | 9～14 | 表記 | /6 | 6 | 5-4 | 3-0 |
| | | 問題3 | 15～25 | 文脈規定 | /11 | 11-10 | 9-7 | 6-0 |
| | | 問題4 | 26～30 | 言い換え類義 | /5 | 5 | 4-3 | 2-0 |
| | | 問題5 | 31～35 | 用法 | /5 | 5 | 4-3 | 2-0 |
| | | 文字・語彙 計 | | | /35 ( %) | | | |
| 言語知識・読解 | 文法 | 問題1 | 1～13 | 文の文法1（文法形式の判断） | /13 | 13-12 | 11-8 | 7-0 |
| | | 問題2 | 14～18 | 文の文法2（文の組み立て） | /5 | 5 | 4-3 | 2-0 |
| | | 問題3 | 19～23 | 文章の文法 | /5 | 5 | 4-3 | 2-0 |
| | | 文法 計 | | | /23 ( %) | | | |
| | 読解 | 問題4 | 24～27 | 内容理解（短文） | /4 | 4 | 3 | 2-0 |
| | | 問題5 | 28～33 | 内容理解（中文） | /6 | 6 | 5-4 | 3-0 |
| | | 問題6 | 34～37 | 内容理解（長文） | /4 | 4 | 3 | 2-0 |
| | | 問題7 | 38～39 | 情報検索 | /2 | 2 | 1 | 0 |
| | | 読解 計 | | | /16 ( %) | | | |
| 聴解 | | 問題1 | 1～6 | 課題理解 | /6 | 6 | 5-4 | 3-0 |
| | | 問題2 | 1～6 | ポイント理解 | /6 | 6 | 5-4 | 3-0 |
| | | 問題3 | 1～3 | 概要理解 | /3 | 3 | 2 | 1-0 |
| | | 問題4 | 1～4 | 発話表現 | /4 | 4 | 3 | 2-0 |
| | | 問題5 | 1～9 | 即時応答 | /9 | 9-8 | 7-6 | 5-0 |
| | | 聴解 計 | | | /28 ( %) | | | |

著者
千駄ヶ谷日本語教育研究所（せんだがやにほんごきょういくけんきゅうじょ）

イラスト
合同会社マンガスペース

表紙デザイン
岡本健＋

日本語能力試験Ｎ３　模擬テスト〈２〉

2020年3月10日　初版第1刷発行

著　者　千駄ヶ谷日本語教育研究所
発行者　藤嵜政子
発　行　株式会社スリーエーネットワーク
　　　　〒102-0083　東京都千代田区麹町3丁目4番
　　　　　　　　　　トラスティ麹町ビル2Ｆ
　　　　電話　営業　03（5275）2722
　　　　　　　編集　03（5275）2725
　　　　https://www.3anet.co.jp/
印　刷　萩原印刷株式会社

ISBN978-4-88319-843-6　C0081

# ■ 新完全マスターシリーズ

## ● 新完全マスター漢字
日本語能力試験 N1
　1,200円＋税　　（ISBN978-4-88319-546-6）
日本語能力試験 N2（CD付）
　1,400円＋税　　（ISBN978-4-88319-547-3）
日本語能力試験 N3
　1,200円＋税　　（ISBN978-4-88319-688-3）
日本語能力試験 N3 ベトナム語版
　1,200円＋税　　（ISBN978-4-88319-711-8）
日本語能力試験 N4
　1,200円＋税　　（ISBN978-4-88319-780-4）

## ● 新完全マスター語彙
日本語能力試験 N1
　1,200円＋税　　（ISBN978-4-88319-573-2）
日本語能力試験 N2
　1,200円＋税　　（ISBN978-4-88319-574-9）
日本語能力試験 N3
　1,200円＋税　　（ISBN978-4-88319-743-9）
日本語能力試験 N3 ベトナム語版
　1,200円＋税　　（ISBN978-4-88319-765-1）

## ● 新完全マスター読解
日本語能力試験 N1
　1,400円＋税　　（ISBN978-4-88319-571-8）
日本語能力試験 N2
　1,400円＋税　　（ISBN978-4-88319-572-5）
日本語能力試験 N3
　1,400円＋税　　（ISBN978-4-88319-671-5）
日本語能力試験 N3 ベトナム語版
　1,400円＋税　　（ISBN978-4-88319-722-4）
日本語能力試験 N4
　1,200円＋税　　（ISBN978-4-88319-764-4）

## ● 新完全マスター単語
日本語能力試験 N2 重要2200語
　1,600円＋税　　（ISBN978-4-88319-762-0）
日本語能力試験 N3 重要1800語
　1,600円＋税　　（ISBN978-4-88319-735-4）

## ● 新完全マスター文法
日本語能力試験 N1
　1,200円＋税　　（ISBN978-4-88319-564-0）
日本語能力試験 N2
　1,200円＋税　　（ISBN978-4-88319-565-7）
日本語能力試験 N3
　1,200円＋税　　（ISBN978-4-88319-610-4）
日本語能力試験 N3 ベトナム語版
　1,200円＋税　　（ISBN978-4-88319-717-0）
日本語能力試験 N4
　1,200円＋税　　（ISBN978-4-88319-694-4）
日本語能力試験 N4 ベトナム語版
　1,200円＋税　　（ISBN978-4-88319-725-5）

## ● 新完全マスター聴解
日本語能力試験 N1（CD付）
　1,600円＋税　　（ISBN978-4-88319-566-4）
日本語能力試験 N2（CD付）
　1,600円＋税　　（ISBN978-4-88319-567-1）
日本語能力試験 N3（CD付）
　1,500円＋税　　（ISBN978-4-88319-609-8）
日本語能力試験 N3 ベトナム語版（CD付）
　1,500円＋税　　（ISBN978-4-88319-710-1）
日本語能力試験 N4（CD付）
　1,500円＋税　　（ISBN978-4-88319-763-7）

## ■ 読解攻略！
## 日本語能力試験
## N1 レベル
1,400円＋税
（ISBN978-4-88319-706-4）

CD付
各冊900円＋税

## ■ 日本語能力試験模擬テスト

### ● 日本語能力試験 N1
### 模擬テスト
〈1〉（ISBN978-4-88319-556-5）
〈2〉（ISBN978-4-88319-575-6）
〈3〉（ISBN978-4-88319-631-9）
〈4〉（ISBN978-4-88319-652-4）

### ● 日本語能力試験 N2
### 模擬テスト
〈1〉（ISBN978-4-88319-557-2）
〈2〉（ISBN978-4-88319-576-3）
〈3〉（ISBN978-4-88319-632-6）
〈4〉（ISBN978-4-88319-653-1）

スリーエーネットワーク　　ウェブサイトで新刊や日本語セミナーをご案内しております。
**https://www.3anet.co.jp/**

もんだいようし

Language Knowledge

（Vocabulary）

日本語能力試験N3　模擬テスト〈2〉

スリーエーネットワーク

もじ・ごい

# N3

# げんごちしき（もじ・ごい）

# （30ぷん）

## ちゅうい
### Notes

1. しけんが　はじまるまで、この　もんだいようしを　あけないで
ください。

   Do not open this question booklet until the test begins.

2. この　もんだいようしを　もって　かえる　ことは　できません。

   Do not take this question booklet with you after the test.

3. じゅけんばんごうと　なまえを　したの　らんと　かいとうようしに
かいて　ください。

   Write your examinee registration number and name clearly in each box below and on the answer sheet.

4. この　もんだいようしは、ぜんぶで　7ページ　あります。

   This question booklet has 7 pages.

5. もんだいには　かいとうばんごうの　1 、2 、3 …が　つい
て　います。かいとうは、かいとうようしに　ある　おなじ　ばんごう
の　ところに　マークして　ください。

   One of the row numbers 1 , 2 , 3 … is given for each question. Mark your answer in the same row of the answer sheet.

| じゅけんばんごう　Examinee Registration Number | |
| --- | --- |

| なまえ　Name | |
| --- | --- |

問題1 ＿＿＿のことばの読み方として最もよいものを、1・2・3・4から一つ
えらびなさい。

**1** 新しい大臣が決まった。
1 たいしん 　　　2 だいしん 　　　3 たいじん 　　　4 だいじん

**2** 飲み物を買う係になりました。
1 ばん 　　　2 やく 　　　3 かかり 　　　4 やくめ

**3** 北のほうの地方では、冬は食べ物を外で保存する。
1 ほそん 　　　2 ほぞん 　　　3 ほうそん 　　　4 ほうぞん

**4** みんなの前で話したとき、声が震えた。
1 ふるえた 　　　2 もえた 　　　3 ほえた 　　　4 つたえた

**5** この犬とあの犬は性質がちがう。
1 せいかく 　　　2 せいしつ 　　　3 しょうかく 　　　4 しょうしつ

**6** スーパーでいろいろな種類のチーズを買って食べてみた。
1 しゅるい 　　　2 しょるい 　　　3 しゅうるい 　　　4 しょうるい

**7** シャツのボタンが外れてしまった。
1 つぶれて 　　　2 とれて 　　　3 ぬれて 　　　4 はずれて

**8** あの店は、外国人に評判だ。
1 ひょうぱん 　　　2 ひょうばん 　　　3 ひょうほん 　　　4 ひょうはん

問題2 ＿＿＿＿のことばを漢字で書くとき、最もよいものを、1・2・3・4から一つ
えらびなさい。

**9** 今日してしまった失敗(しっぱい)をはんせいする。

1 判正 　　　　 2 判省 　　　　 3 反正 　　　　 4 反省

**10** もう3時間も会議(かいぎ)をしているが、なかなかけつろんが出ない。

1 経論 　　　　 2 結論 　　　　 3 給論 　　　　 4 総論

**11** みんなできょうりょくして作品(さくひん)を作る。

1 協力 　　　　 2 共力 　　　　 3 協量 　　　　 4 共量

**12** 夏休みに小学校のときの先生のお宅(たく)をほうもんした。

1 方問 　　　　 2 訪門 　　　　 3 方門 　　　　 4 訪問

**13** 公園(こうえん)に桜(さくら)の木をうえる。

1 生える 　　　 2 枝える 　　　 3 植える 　　　 4 並える

**14** 今年の夏はとてもすずしい。

1 冷しい 　　　 2 涼しい 　　　 3 寒しい 　　　 4 清しい

問題3 （　　　）に入れるのに最もよいものを、1・2・3・4から一つえらびなさい。

15 毎日同じ作業ばかりで（　　　）しまった。
　　1　あきて　　　　　2　うしなって　　　3　おとって　　　4　くずれて

16 このアルバイトは日本人と話す（　　　）が多くていい。
　　1　要求　　　　　　2　目的　　　　　　3　機会　　　　　4　時期

17 この町の人口の変化を（　　　）にまとめた。
　　1　ナンバー　　　　2　グラフ　　　　　3　マイナス　　　4　ミリ

18 重要な手紙を書いたあと、ミスがないか何度も（　　　）ほうがいい。
　　1　高めた　　　　　2　認めた　　　　　3　確かめた　　　4　集めた

19 科学が（　　　）し、生活が便利になった。
　　1　進歩　　　　　　2　開始　　　　　　3　増加　　　　　4　上達

20 最近は疲れているので、週末は昼まで（　　　）眠りたい。
　　1　すっきり　　　　2　こっそり　　　　3　ぴったり　　　4　ぐっすり

21 台風で授業が休みになり、レポートの期限が（　　　）。
　　1　延びた　　　　　2　越した　　　　　3　引っ張った　　　4　続いた

22 会議で決まったことを上司に（　　　）した。
　　1　通報　　　　　　2　報道　　　　　　3　報知　　　　　4　報告

23 課長は料理が（　　　）で、毎日会社に弁当を持ってくる。
　　1　器用　　　　　　2　長所　　　　　　3　上品　　　　　4　得意

**24** 虫歯(むしば)があるのに、娘(むすめ)は歯(は)医者へ行くのを（　　）。

1　苦(くる)しんでいる　　　　　　　　　2　困(こま)っている

3　いやがっている　　　　　　　　　4　にくんでいる


**25** この鳥は日本（　　）で見ることができる。

1　各国(かっこく)　　　　2　地域(ちいき)　　　　3　地方(ちほう)　　　　4　全国(ぜんこく)

問題4 ＿＿＿＿に意味が最も近いものを、1・2・3・4から一つえらびなさい。

26 林さんは早く仕事を<u>さがしたい</u>と言っている。
    1 はじめたい    2 やめたい    3 見つけたい    4 うつりたい

27 法律を<u>改正する</u>のは簡単なことではない。
    1 作る    2 勉強する    3 研究する    4 変える

28 姉は<u>おだやかな</u>人だ。
    1 静かでおちついた        2 よくおこる
    3 あまりなかない        4 元気でよく話す

29 今日の授業は説明が多くて、<u>退屈だ</u>。
    1 おもしろい        2 つまらない
    3 よくわかる        4 よくわからない

30 歩いていたら名前を呼ばれたので<u>ふりむいた</u>。
    1 前を見た    2 後ろを見た    3 横を見た    4 上を見た

もじ・ごい

問題5　つぎのことばの使い方として最もよいものを、1・2・3・4から一つ
　　　えらびなさい。

31　出会う

1　駅のホームに着いたとき、ちょうど電車に出会った。

2　わたしが山田さんと出会ったのは大学1年生のときだった。

3　田中さんは赤いシャツがよく出会う。

4　帰国したとき、友達が空港まで出会ってくれた。

32　かれる

1　何時間も待たされたので、かれてしまった。

2　何日も雨が降らなかったので、木がかれてしまった。

3　このままだと、この国の経済はかれてしまうだろう。

4　病気で何も食べられず、体がかれてしまった。

33　許可

1　部長はミスをした部下が謝っても許可しなかった。

2　結婚式でのあいさつを頼まれたので許可した。

3　このプロジェクトに許可してくれる方はご署名をお願いします。

4　この建物では写真の撮影は許可されていません。

34　じゅうたい

1　夕方になるとこの道路は毎日じゅうたいする。

2　台風がじゅうたいし、大雨が3日にわたって降り続いた。

3　週末、このプールはいつもじゅうたいして入れない。

4　この駅はじゅうたいしていて、電車の乗り換えが大変だ。

**35** とける

1　パンを温めると、とけてやわらかくなる。

2　クラスメートとは仲が良く、おたがいとけて何でも話せる。

3　暑かったので、アイスクリームがとけてしまった。

4　今朝、頭が痛かったが、今は痛みはとけた。

Language Knowledge（Grammar）・
Reading

# N3

## 言語知識（文法）・読解
げ ん ご ち し き　ぶんぽう　　　　どっかい

## （70分）

| 受験番号　Examinee Registration Number | |
| --- | --- |

じゅけんばんごう

| 名　前　Name | |
| --- | --- |

文法・読解

問題1　つぎの文の（　　　）に入れるのに最もよいものを、1・2・3・4から一つ
　　　えらびなさい。

1　A「おかしいなあ。」

　　B「どうしたの？」

　　A「朝、かばんに（　　　）はずなのに、教科書が入ってないんだ。」

　1　入れる　　　　　　2　入れない　　　　　3　入れた　　　　　4　入れなかった

2　A「あ、しょうゆ、買ってくるの、忘れちゃった。」

　　B「郵便局へ行く（　　　）スーパーで買ってくるよ。」

　1　ついでに　　　　　2　ために　　　　　　3　うちに　　　　　4　ところで

3　風邪でお休みの花田さん（　　　）、私が会議に出席することになった。

　1　の反面　　　　　　2　にたいして　　　　3　について　　　　4　のかわりに

4　A「さっきニュースで今日は今年一番の暑さだって言ってたよ。」

　　B「やっぱりそうか。（　　　）ね。」

　1　暑いわけだ　　　　　　　　　　　　　　2　暑いことがある

　3　暑いことはない　　　　　　　　　　　　4　暑いわけではない

5　大きいソファーが置ける（　　　）、部屋を片付けようと思っています。

　1　とおりに　　　　　2　ように　　　　　　3　たびに　　　　　4　ために

6　A「図書館のご利用（　　　）こちらに説明が書いてありますのでお読みください。」

　　B「はい、わかりました。」

　1　にたいして　　　　2　にとって　　　　　3　によって　　　　4　について

7　店長に言われた（　　　）に答えたのに、お客様をおこらせてしまった。

　1　ばかり　　　　　　2　ところ　　　　　　3　ほど　　　　　　4　とおり

**8** 課長「イベントに参加して、会場の写真を撮ってきたよ。見る？」

社員「はい、（　　　　）たいです。」

1　お見せし　　　　2　拝見し　　　　3　ご覧になり　　　　4　お見えになり

**9** 母「帰ってきてからずっとゲームばかりしてるじゃない。早く勉強しなさい。」

子「今（　　　　）だよ。」

1　やると思っているところ　　　　2　やろうと思っているところ

3　やると思っていたばかり　　　　4　やろうと思っていたばかり

**10** 高校の授業は難しくて、復習をしないと勉強が（　　　　）。

1　わからなくなるばかりだ　　　　2　わからなくなるためだ

3　わからなくなったばかりだ　　　　4　わからなくなったためだ

**11** この会社の規則では、社員は社員証を首からかける（　　　　）。

1　ことにしている　　　　2　ようにしている

3　ことになっている　　　　4　ようになっている

**12** 「すみません、急におなかが痛くなったので、ここに（　　　　）……。」

1　座ってもらいたいんですが　　　　2　座っていただきたいんですが

3　座らせてもらいたいんですが　　　　4　お座りいただきたいんですが

**13** 先週、この店にあった白いワンピースが今日行ったらなかった。あのとき（　　　　）

よかった。

1　買っておけば　　　　2　買うようになれば

3　買ったことがあれば　　　　4　買うのなら

問題2　つぎの文の　★　に入る最もよいものを、1・2・3・4から一つえらびなさい。

文法・読解

（問題例）

今晩 ＿＿＿ ＿＿＿ ＿★＿ ＿＿＿ 行きます。

1　を　　　　　2　見　　　　　3　に　　　　　4　映画

（解答のしかた）

1. 正しい答えはこうなります。

今晩 ＿＿＿＿＿ ＿＿＿＿＿ ＿★＿＿＿ ＿＿＿＿＿ 行きます。

4　映画　　　1　を　　　2　見　　　3　に

2. ＿＿＿★＿＿＿ に入る番号を解答用紙にマークします。

（解答用紙）　（例）　① ● ③ ④

14　会員になるために ＿＿＿ ＿＿＿ ＿★＿ ＿＿＿ 知りたい。

1　必要　　　　2　が　　　　　3　何　　　　　4　か

15　今度の旅行は ＿＿＿ ＿＿＿ ＿★＿ ＿＿＿ らしい。とても楽しみだ。

1　行けない　　2　めったに　　3　ツアー　　　4　場所へ行く

16　昨日読んだ小説は ＿＿＿ ＿＿＿ ＿★＿ ＿＿＿ 話だった。

1　感動する　　2　出る　　　　3　ほど　　　　4　涙が

17　A「今日のサッカーの試合、残念だったね。」

B「あのとき、僕がもう少し強く ＿＿＿ ＿＿＿ ＿★＿ ＿＿＿ 点が取れて
いたのに。」

1　さえ　　　　2　いれば　　　3　けって　　　4　ボールを

18　A町では、カラオケ大会やスポーツ大会 ＿★＿ ＿＿＿ ＿＿＿ ＿＿＿ います。

1　イベント　　2　行って　　　3　といった　　4　を

問題3　つぎの文章を読んで、文章全体の内容を考えて、　19　から　23　の中に
　　　入る最もよいものを、1・2・3・4から一つえらびなさい。


下の文章は、留学生が書いた作文です。

---

日本人とマスク

ハンナ　バイス

　冬や春は、マスクをしている日本人をよく見かけます。もちろん私の国にもマスクを
する人はいます。しかし、　19　。私は、なぜ日本人がこんなにマスクをするのか疑問で
した。

　去年の冬、いつもマスクをしている日本人の友人になぜマスクをするのか聞いてみま
した。すると、病気にならないためだと　20　。私はマスクを病気の予防として使うイ
メージはありませんでした。　21　、マスクは自分の病気を人にうつさないように使うも
のだと思っていたのです。友人に聞いてはじめて、日本にマスクをする人が多いのは、
健康に気を使っているからだということがわかりました。

　　22　、健康とは関係がない理由でマスクをする人もいるようです。別の日本人の友人
から、マスクをすると安心すると聞きましたが、最初はその意味がよくわかりませんで
した。でも、マスクをしている人を見て理解できました。

　マスクをすると顔のほとんどが隠れて、他人に自分の顔をあまり見られないので、周
りの目が気になりません。だから、落ち着く　23　。マスクをする日本人が多いのは、心
理的なことも関係していると思いました。

---

**19**

1 日本より多いです　　　　　　　2 日本ほど多くないです

3 日本ぐらい多いです　　　　　　4 日本は多くないです

**20**

1 言われました　　　　　　　　　2 言わせました

3 言わされました　　　　　　　　4 言おうとしました

**21**

1 そのときでも　　　　　　　　　2 そのときから

3 そのときまで　　　　　　　　　4 そのときだけ

**22**

1 そのため　　　　2 一方<sub>いっぽう</sub>　　　3 つまり　　　　4 なぜなら

**23**

1 べきです　　　　　　　　　　　2 ことにしています

3 はずがありません　　　　　　　4 のかもしれません

問題4　つぎの(1)から(4)の文章を読んで、質問に答えなさい。答えは、1・2・3・4から最もよいものを一つえらびなさい。

(1)

これはスマホ写真講座に参加する人に届いたメールである。

---

あて先　：　event@studio.co.jp
件　名　：　スマホ写真講座のご案内

---

スマホ写真講座にお申し込みの皆様へ


講座の日時などをお知らせします。

日　時：　６月７日（日）午前10時～午後２時
場　所：　さくらカフェの前に集まってから、緑が丘公園へ行きます。
　　　　　＊直接緑が丘公園に行く人は電話で連絡をください。
参加費：　2,000円（当日集めます。）
　　　　　＊お弁当を注文する人は参加費の他に1,000円かかります。このメールに
　　　　　　返信してください。
持ち物：　スマートフォン
その他：　当日、急に来られなくなった場合は電話で連絡してください。


スマホ写真講座担当　平井（012-3456-7890）

---

**24** メールで連絡しなければならない人はどのような人か。

　　1　スマホ写真講座に参加する人
　　2　さくらカフェに集合する人
　　3　直接、緑が丘公園に行く人
　　4　弁当を注文したい人

(2)

松島さんの机の上に、高橋さんからのメモが置いてある。

---

松島さん


6月5日（水）9時35分、みらい食品の吉田様よりお電話がありました。

金曜の午後に予定していた会議ですが、都合が悪くなってしまったため、できれ
ば来週にしてほしいとのことです。吉田様は月曜と水曜以外ならいつでもかまわ
ないそうです。

また、新商品発表会の資料をメールで送ったとのことです。

資料のことで相談したいことがあるので、確認されましたら14時までに電話して
ほしいとのことです。


高橋

---

**25** このメモを読んで、松島さんがしなければならないことは何か。

1 会議を何曜日に変更すればいいか高橋さんに聞く。

2 吉田さんに資料をメールで送ってもらう。

3 資料を見て吉田さんに電話をかける。

4 14時まで吉田さんからの電話を待つ。

(3)

　「野菜を買ってきても、結局食べきれなくてくさらせてしまう。だから野菜はあまり買わない。」と言う人が多いという。野菜があまったことはないという友達がこんなことを言っていた。野菜もほとんどのものは冷凍でき、食べる大きさに切ってから冷凍しておくと、使いたいときに凍ったままいためたり煮たりできるということだ。ただし、ゆでてから冷凍しなければならない野菜もあるそうなので、まずはいろいろな野菜の冷凍方法を調べてから、試してみたい。

26　こんなこととは、どのようなことか。

　1　ほとんどの野菜は冷凍でき、そのまま料理に使えること
　2　野菜があまらないように冷凍方法を調べてから買っていること
　3　冷凍してから食べる大きさに切ると料理しやすいこと
　4　野菜をいためたり煮たりするとき、冷凍してからのほうがいいということ

(4)

　「おもちゃを食べるおもちゃ箱」というものがある。犬が口を開けたようなデザインの箱に子どもがおもちゃを入れることで、遊びながらおもちゃを片付けることができる。これは「子どもに自分で片付けてほしい」という親の思いを知った会社が考えたアイデアである。このように「～してほしい」という誰かの思いが新しいアイデアを生むことがある。しかし、この思いは、ときどき不満の声という形で会社に届く。客からの不満を丁寧に聞く社員の努力から、アイデアが出て、新しい商品が作られる。そう考えれば不満の声は最高にうれしい贈り物と言える。

**27**　どうして最高にうれしい贈り物と言えるのか。
　　1　子どもの不満を聞くことで親が喜ぶ商品が生まれるから
　　2　親の不満を聞くことで子どもが努力するようになるから
　　3　社員の不満を聞くことで新しい商品が作られるから
　　4　客の不満を聞くことで新しいアイデアが生まれるから

　9

問題5 つぎの(1)と(2)の文章を読んで、質問に答えなさい。答えは、1・2・3・4から最もよいものを一つえらびなさい。

(1)

　わたしは家の中で物を置いた場所がわからなくなってしまうことが多いので、普段から気をつけています。例えば、物の置き場所を決めて必ずそこに置くようにしています。それから、物を置いたときに、もう一度置いた場所を見て確認しています。それでも①同じことを繰り返してしまうので、自分が嫌になります。

　先日は鍵をなくしました。かばんの中や引き出しの中など、部屋の中を探したのですが、見当たりません。ところが、一度部屋を出てまた戻ってみると、探したはずの場所にあったんです。②とても不思議でした。

　きっと自分の中に、「ここには置かないだろう。」といった思い込みがあったんだと思います。だから最初からそこにあったけれど、見えなかったんですね。

　それからは物を探すときは、思い込みを捨てて、すべての場所を一つ一つしっかり確認することを心がけています。

28 ①同じこととあるが、どのようなことか。
1 物を置いたとき、確認すること
2 物を置く場所が決められないこと
3 同じ場所に物を置いてしまうこと
4 物を置いた場所を忘れること

29 ②とても不思議でしたとあるが、何が不思議だったのか。
1 部屋の中で鍵をなくしたこと
2 鍵がいつもと違う場所にあったこと
3 鍵が部屋の外になかったこと
4 探した場所に鍵が置いてあったこと

**30** この文章を書いた人は、これから物をなくしたときはどうすると言っているか。

1　ここにはないと思ってしまわないで、すべての場所を探してみる。

2　ここにはないと思ったところにはないので、探さない。

3　ここにあると思ったところにあることが多いので、そこから探してみる。

4　ここにあると思ってもそこにはないことが多いので、探さない。

(2)

　わたしは毎週土曜日の夕方、「子ども食堂」でボランティアをしています。ここには、さまざまな理由で家族と一緒に食事ができない子どもたちが来て食事をします。わたしはその子どもたちに食事を作っています。子どもたちは夕飯を食べるだけでなく、食事の準備や後片付けを手伝います。①それを通じて、食事のマナーや他人との接し方を身に付けることもできるのです。

　ある日、一人の老人が食堂にやってきて、子どもたちと食事をしました。近くの団地に住んでおり、新聞でこの食堂の記事を見て来たそうです。昨年、妻が死んでから、いつも一人で食事をしていたと言います。この食堂に来る子どもたちと②似たような環境だったのです。

　それから、その人は毎週食堂に来るようになりました。その後、他の老人も参加するようになり、食堂は前よりにぎやかになりました。今後は子どもだけでなく、さまざまな年代の人が集まる場所になるのではないかという気がしています。

---

**31**　①それとあるが、何のことか。

1　食事を作るボランティアをすること

2　家族と一緒に食事ができない子どもたちと食事をすること

3　夕飯を子どもたちだけで食べること

4　食事をしたり食事の準備や後片付けの手伝いをしたりすること

---

**32**　②似たような環境とは、何のことか。

1　食堂でボランティアをしていること

2　一緒に食事をする家族がいないこと

3　食堂の近くの団地に住んでいること

4　去年、家族が死んだこと

33 「子ども食堂」について「私」はこれからどうなると思っているか。

1 家族も来て一緒に食事ができるようになるだろう。

2 新聞記事を見た人がたくさんやってくるだろう。

3 子どもの人数が増えてにぎやかになるだろう。

4 年齢に関係なく多くの人が集まってくるだろう。

問題6 つぎの文章を読んで、質問に答えなさい。答えは、1・2・3・4から最もよい
ものを一つえらびなさい。


　インターネットが発達し、スマートフォンやパソコンで世界中の情報が見られるように
なった。ちょっと前に起こったことが、すぐにニュースとして多くの人が見たり、読んだ
りできるようにもなった。それは大きなニュースだけではない。普通の人々の生活、たと
えば、その日に何を食べたか、どこへ行ったかなども知ることができる。昔は、そんなこ
とを伝えようとは誰も思わなかった。

　ニュースを知る速さでも、量でも、紙の新聞はインターネットの情報には勝てない。読
みやすさという点でも、字の大きさを変えることはできないので、紙の新聞は負けている。
紙のサイズが大きすぎて読みにくいという声もある。

　それなのに、紙の新聞を読む人が多いのはなぜだろうか。それは、紙の新聞の良い点が
多いからだろう。紙の新聞は写真や見出しの大きさでニュースの重要さが一目でわかる。
また、インターネットの情報より、新聞の記事のほうが正確で、内容も深く理解できると
いう意見が多い。さらに、「広げるときのバサバサという音がいい」「特別なにおいがして
好きだ」と、体の一部で感じる良さを言う人もいる。

　地震で停電が続いて電気が使えなくなると、パソコンやスマートフォンは使えなくなる
が、紙の新聞なら情報を知ることができる。今後、新聞も変わっていくだろうが、イン
ターネットやテレビ、ラジオなどとともに、今後も大切な情報源であり続けるのではない
だろうか。紙の新聞の未来に注目していきたい。


[34]　そんなこととあるが、どんなことか。

1　少し前に外国で起こったこと

2　どこへ何人行ったかという情報

3　すぐに見たり読んだりできるニュース

4　普通の人々がしていること

**35** この文章を書いた人は、紙の新聞の良い点は何だと言っているか。

1　出ている記事の多さ

2　情報の正確さ

3　意見の多さ

4　情報が伝わる速さ

**36** この文章を書いた人が紙の新聞について言っていることは何か。

1　紙の新聞の記事は理解しやすいので、これからもしっかり読むつもりだ。

2　インターネットのほうが情報が多いので、紙の新聞を読む人は減っている。

3　これから紙の新聞がどうなっていくのか、よく見ていくつもりだ。

4　停電のときに紙の新聞をどう利用すればいいのか、よく考えるつもりだ。

**37** この文章は主に何について書かれたものか。

1　インターネットが発達した理由

2　紙の新聞の今と昔の違い

3　紙の新聞を読む人が多い理由

4　テレビやラジオと紙の新聞の違い

問題7　右のページは、防災教室の案内である。これを読んで、下の質問に答えなさい。
　　　　答えは、1・2・3・4から最もよいものを一つえらびなさい。

38　北橋区に住んでいる田中さんと小学1年生の娘は、11時に会場に来た。今日は午後
　　用事があるので、13時にはここを出なければならない。田中さん親子が参加できるもの
　　はどれか。
　　1　AとB
　　2　AとC
　　3　BとD
　　4　AとBとD

39　北橋区にある中学校に通う佐藤さんは、夏休みの宿題で台風について調べた。今日
　　は、台風の雨が実際にどのぐらい強いのか知りたいと思って来た。佐藤さんがまずする
　　ことはどれか。
　　1　センターの受付で申し込む。
　　2　中央広場で券をもらう。
　　3　直接大雨コーナーへ行く。
　　4　レインコートと長ぐつを借りる。

# 親子で参加！　防災安全教室

9月1日は防災の日。防災について、家族で楽しく学びましょう。

日時：9月1日（日）　10：00〜17：00（入場は16：30まで）

場所：北橋区防災センター（東京都北橋区北橋1−16−5）

対象：北橋区に住んでいる人、北橋区にある会社で働いている人、北橋区にある学校に通っている人

服装：動きやすい服装、歩きやすいくつ

費用・申し込み：不要

※駐車場の数に限りがあります。できるだけ電車かバスをご利用ください。

---

A．地震コーナー

　　大きい地震ってどのぐらい揺れるの？　地震を起こす車に乗ってみよう！

　　　10：00〜17：00　（1回10分）　※3才以上

---

B．火事コーナー

　　火事が起きたとき、消火器を使って、火を消そう！

　　　10：45〜　／　13：45〜　／　15：45〜（各回15分）

　　※小学3年生以上

---

C．大雨コーナー

　　台風や夏の急な大雨は意外と怖い！　強い雨の部屋に入ってみよう！

　　　12：00〜　／　14：00〜（各回25分）

　　※小学生以上

　　※各回15分前から、中央広場まで参加券を取りに来てください。

　　（参加者にはレインコートと長ぐつをお貸しします。着替えてお待ちください。）

---

D．防災ヒーローショー

　　大きい地震が起こった！　そのときどうすればいい？

　　ヒーローがわかりやすく教えてくれるよ！　大ホールに集まれ！

　　　10：30〜　／　13：00〜　／　15：30〜（各回30分）

# N3

## ちょうかい
## 聴解

# （40分）

聴解

---

## 注　意
### Notes

1．試験が始まるまで、この問題用紙を開けないでください。
   Do not open this question booklet until the test begins.

2．この問題用紙を持って帰ることはできません。
   Do not take this question booklet with you after the test.

3．受験番号と名前を下の欄と解答用紙に書いてください。
   Write your examinee registration number and name clearly in each box below and on the answer sheet.

4．この問題用紙は、全部で14ページあります。
   This question booklet has 14 pages.

5．この問題用紙にメモをとってもいいです。
   You may make notes in this question booklet.

---

| 受験番号 Examinee Registration Number | |
|---|---|

| 名　前　Name | |
|---|---|

問題1では、まず質問を聞いてください。それから話を聞いて、問題用紙の1から4の中から、最もよいものを一つえらんでください。

## れい

1 　雑誌を買う
2 　ゆうびんきょくへ行く
3 　銀行へ行く
4 　電話する

# 1 ばん

ア

イ

ウ

エ

1　ア　　ウ

2　ア　　ウ　　エ

3　イ　　ウ　　エ

4　イ　　エ

## 2ばん

1　アンケートをまとめる
2　グラフを作る
3　しゅっせき者のかくにんをする
4　しょうひんの名前のひょうを作る

## 3ばん

1　料理を作る
2　おり紙を　おる
3　おどりを　おどる
4　ギターをひく

# 4ばん

1 こんろに火をつける
2 注文した品物をチェックする
3 ほうちょうと　まないたを　とりに行く
4 うけつけで肉と野菜を注文する

# 5ばん

1 せつめいの長さ
2 写真の大きさ
3 文字の大きさ
4 文字の色

# 6 ばん

1 せつめい会にさんかする

2 もうしこみをする

3 めんせつをうける

4 けいけんした人の話を聞く

# 問題2

　問題2では、まず質問を聞いてください。そのあと、問題用紙を見てください。読む時間があります。それから話を聞いて、問題用紙の1から4の中から、最もよいものを一つえらんでください。

## れい

1　ぐあいが悪いから

2　会費が高いから

3　会いたくない人が来るから

4　つかれているから

# 1 ばん

1　かっこよくないと思うから

2　こせいが出ないと思うから

3　いんしょうにのこらないと思うから

4　せっきょくてきになれないと思うから

# 2 ばん

1　テーマがむずかしかったから

2　家へ帰るのがおそかったから

3　ゲームをしてしまったから

4　ドラマを見てしまったから

## 3 ばん

1 とどけを持ってこなかったから

2 じょうしのサインをもらわなかったから

3 もうほかの人がよやくしていたから

4 広いかいぎ室をきぼうしたから

## 4 ばん

1 かるくて　じょうぶなところ

2 かんたんに小さくなるところ

3 デザインがいいところ

4 かたに　かけられるところ

## 5ばん

1　アドバイスがもらえる
2　すぐにこうかがわかる
3　プールがある
4　家<ruby>家<rt>いえ</rt></ruby>から近<ruby>近<rt>ちか</rt></ruby>い

## 6ばん

1　やちんが高<ruby>高<rt>たか</rt></ruby>いから
2　へやがせまいから
3　へやのむきが悪<ruby>悪<rt>わる</rt></ruby>いから
4　となりの人<ruby>人<rt>ひと</rt></ruby>がうるさいから

# 問題 3

　問題3では、問題用紙に何もいんさつされていません。この問題は、ぜんたいとしてどんなないようかを聞く問題です。話の前に質問はありません。まず話を聞いてください。それから、質問とせんたくしを聞いて、1から4の中から、最もよいものを一つえらんでください。

— メモ —

# 問題 4

<ruby>問<rt>もん</rt></ruby><ruby>題<rt>だい</rt></ruby> 4

問題 4 では、えを<ruby>見<rt>み</rt></ruby>ながら<ruby>質問<rt>しつもん</rt></ruby>を<ruby>聞<rt>き</rt></ruby>いてください。やじるし（⟹）の<ruby>人<rt>ひと</rt></ruby>は<ruby>何<rt>なん</rt></ruby>と<ruby>言<rt>い</rt></ruby>います<ruby>か<rt></rt></ruby>。1 から 3 の<ruby>中<rt>なか</rt></ruby>から、<ruby>最<rt>もっと</rt></ruby>もよいものを<ruby>一<rt>ひと</rt></ruby>つえらんでください。

## れい

# 1 ばん

# 2 ばん

## 3 ばん

## 4 ばん

# 問題 5

<ruby>問題<rt>もんだい</rt></ruby> 5 では、<ruby>問題用紙<rt>もんだいようし</rt></ruby>に<ruby>何<rt>なに</rt></ruby>もいんさつされていません。まず<ruby>文<rt>ぶん</rt></ruby>を<ruby>聞<rt>き</rt></ruby>いてください。それから、そのへんじを<ruby>聞<rt>き</rt></ruby>いて、1から3の<ruby>中<rt>なか</rt></ruby>から、<ruby>最<rt>もっと</rt></ruby>もよいものを<ruby>一<rt>ひと</rt></ruby>つえらんでください。

― メモ ―

# にほんごのうりょくしけん

## N3 「げんごちしき (もじ・ごい)」 かいとうようし

じゅけんばんごう
Examinee Registration
Number

なまえ
Name

| 問 | 題 | 1 | | |
|---|---|---|---|---|
| 1 | ① | ② | ③ | ④ |
| 2 | ① | ② | ③ | ④ |
| 3 | ① | ② | ③ | ④ |
| 4 | ① | ② | ③ | ④ |
| 5 | ① | ② | ③ | ④ |
| 6 | ① | ② | ③ | ④ |
| 7 | ① | ② | ③ | ④ |
| 8 | ① | ② | ③ | ④ |

| 問 | 題 | 2 | | |
|---|---|---|---|---|
| 9 | ① | ② | ③ | ④ |
| 10 | ① | ② | ③ | ④ |
| 11 | ① | ② | ③ | ④ |
| 12 | ① | ② | ③ | ④ |
| 13 | ① | ② | ③ | ④ |
| 14 | ① | ② | ③ | ④ |

| 問 | 題 | 3 | | |
|---|---|---|---|---|
| 15 | ① | ② | ③ | ④ |
| 16 | ① | ② | ③ | ④ |
| 17 | ① | ② | ③ | ④ |
| 18 | ① | ② | ③ | ④ |
| 19 | ① | ② | ③ | ④ |
| 20 | ① | ② | ③ | ④ |
| 21 | ① | ② | ③ | ④ |
| 22 | ① | ② | ③ | ④ |
| 23 | ① | ② | ③ | ④ |
| 24 | ① | ② | ③ | ④ |
| 25 | ① | ② | ③ | ④ |

| 問 | 題 | 4 | | |
|---|---|---|---|---|
| 26 | ① | ② | ③ | ④ |
| 27 | ① | ② | ③ | ④ |
| 28 | ① | ② | ③ | ④ |
| 29 | ① | ② | ③ | ④ |
| 30 | ① | ② | ③ | ④ |

| 問 | 題 | 5 | | |
|---|---|---|---|---|
| 31 | ① | ② | ③ | ④ |
| 32 | ① | ② | ③ | ④ |
| 33 | ① | ② | ③ | ④ |
| 34 | ① | ② | ③ | ④ |
| 35 | ① | ② | ③ | ④ |

以下のサイトから解答用紙がダウンロードできます。

https://www.3anet.co.jp/np/books/3822/

# にほんごのうりょくしけん
# N3 「げんごちしき（ぶんぽう）・どっかい」かいとうようし

じゅけんばんごう
Examinee Registration
Number

なまえ
Name

〈ちゅうい Notes〉

1. くろいえんぴつ (HB、No.2) でかいてください。
   Use a black medium soft (HB or No.2) pencil.
   （ペンやボールペンではかかないでください。）
   (Do not use any kind of pen.)

2. かきなおすときは、けしゴムできれいにけして
   ください。
   Erase any unintended marks completely.

3. きたなくしたり、おったりしないでください。
   Do not soil or bend this sheet.

4. マークれい Marking Examples

| よいれい<br>Correct<br>Example | わるいれい<br>Incorrect Examples |
|---|---|
| ● | ⊘ ⊗ ◑ ◐ ⊖ ◌ |

## 問題 1

| | 1 | 2 | 3 | 4 |
|---|---|---|---|---|
| 1 | ① | ② | ③ | ④ |
| 2 | ① | ② | ③ | ④ |
| 3 | ① | ② | ③ | ④ |
| 4 | ① | ② | ③ | ④ |
| 5 | ① | ② | ③ | ④ |
| 6 | ① | ② | ③ | ④ |
| 7 | ① | ② | ③ | ④ |
| 8 | ① | ② | ③ | ④ |
| 9 | ① | ② | ③ | ④ |
| 10 | ① | ② | ③ | ④ |
| 11 | ① | ② | ③ | ④ |
| 12 | ① | ② | ③ | ④ |
| 13 | ① | ② | ③ | ④ |

## 問題 2

| | 1 | 2 | 3 | 4 |
|---|---|---|---|---|
| 14 | ① | ② | ③ | ④ |
| 15 | ① | ② | ③ | ④ |
| 16 | ① | ② | ③ | ④ |
| 17 | ① | ② | ③ | ④ |
| 18 | ① | ② | ③ | ④ |

## 問題 3

| | 1 | 2 | 3 | 4 |
|---|---|---|---|---|
| 19 | ① | ② | ③ | ④ |
| 20 | ① | ② | ③ | ④ |
| 21 | ① | ② | ③ | ④ |
| 22 | ① | ② | ③ | ④ |
| 23 | ① | ② | ③ | ④ |

## 問題 4

| | 1 | 2 | 3 | 4 |
|---|---|---|---|---|
| 24 | ① | ② | ③ | ④ |
| 25 | ① | ② | ③ | ④ |
| 26 | ① | ② | ③ | ④ |
| 27 | ① | ② | ③ | ④ |

## 問題 5

| | 1 | 2 | 3 | 4 |
|---|---|---|---|---|
| 28 | ① | ② | ③ | ④ |
| 29 | ① | ② | ③ | ④ |
| 30 | ① | ② | ③ | ④ |
| 31 | ① | ② | ③ | ④ |
| 32 | ① | ② | ③ | ④ |
| 33 | ① | ② | ③ | ④ |

## 問題 6

| | 1 | 2 | 3 | 4 |
|---|---|---|---|---|
| 34 | ① | ② | ③ | ④ |
| 35 | ① | ② | ③ | ④ |
| 36 | ① | ② | ③ | ④ |
| 37 | ① | ② | ③ | ④ |

## 問題 7

| | 1 | 2 | 3 | 4 |
|---|---|---|---|---|
| 38 | ① | ② | ③ | ④ |
| 39 | ① | ② | ③ | ④ |

以下のサイトから解答用紙がダウンロードできます。

https://www.3anet.co.jp/np/books/3822/

# にほんごのうりょくしけん
# N3 「ちょうかい」かいとうようし

## 問題 1

| もんだい | れい | 1 | 2 | 3 | 4 | 5 | 6 |
|---|---|---|---|---|---|---|---|
| ① | ① | ① | ① | ① | ① | ① | ① |
| ② | ② | ② | ② | ② | ② | ② | ② |
| ③ | ● | ③ | ③ | ③ | ③ | ③ | ③ |
| ④ | ④ | ④ | ④ | ④ | ④ | ④ | ④ |

## 問題 2

| もんだい | れい | 1 | 2 | 3 | 4 | 5 | 6 |
|---|---|---|---|---|---|---|---|
| ① | ① | ① | ① | ① | ① | ① | ① |
| ② | ● | ② | ② | ② | ② | ② | ② |
| ③ | ③ | ③ | ③ | ③ | ③ | ③ | ③ |
| ④ | ④ | ④ | ④ | ④ | ④ | ④ | ④ |

## 問題 3

| もんだい | れい | 1 | 2 | 3 |
|---|---|---|---|---|
| ① | ① | ① | ① | ① |
| ② | ● | ② | ② | ② |
| ③ | ③ | ③ | ③ | ③ |
| ④ | ④ | ④ | ④ | ④ |

## 問題 4

| もんだい | れい | 1 | 2 | 3 | 4 |
|---|---|---|---|---|---|
| ① | ● | ① | ① | ① | ① |
| ② | ② | ② | ② | ② | ② |
| ③ | ③ | ③ | ③ | ③ | ③ |

## 問題 5

| もんだい | れい | 1 | 2 | 3 | 4 | 5 | 6 | 7 | 8 | 9 |
|---|---|---|---|---|---|---|---|---|---|---|
| ① | ① | ① | ① | ① | ① | ① | ① | ① | ① | ① |
| ② | ② | ② | ② | ② | ② | ② | ② | ② | ② | ● |
| ③ | ③ | ③ | ③ | ③ | ③ | ③ | ③ | ③ | ③ | ③ |

以下のサイトから解答用紙がダウンロードできます。

https://www.3anet.co.jp/np/books/3822/